L'INSTRUCTION
MORALISE-T-ELLE ?

DISCOURS

PRONONCÉ

A LA SÉANCE DE RENTRÉE DU CERCLE CATHOLIQUE DU LUXEMBOURG

(CERCLE DES ÉTUDIANTS)

SOUS LA PRÉSIDENCE DE

Son Éminence Monseigneur RICHARD

ÉVÊQUE DE LARISSE, COADJUTEUR DE SON ÉMINENCE LE CARDINAL
ARCHEVÊQUE DE PARIS

PAR

FERNAND NICOLAY

Avocat à la Cour d'Appel

ABBEVILLE

IMPRIMERIE BRIEZ, C. PAILLART ET RETAUX

90, CHAUSSÉE MARCADÉ, 90

1876

L'INSTRUCTION MORALISE-T-ELLE ?

L'INSTRUCTION

MORALISE-T-ELLE?

DISCOURS

PRONONCÉ

À LA SÉANCE DE RENTRÉE DU CERCLE CATHOLIQUE DU LUXEMBOURG

(CERCLE DES ÉTUDIANTS)

SOUS LA PRÉSIDENCE DE

Son Éminence Monseigneur RICHARD

ÉVÊQUE DE LARISSE, COADJUTEUR DE SON ÉMINENCE LE CARDINAL

ARCHEVÊQUE DE PARIS

PAR

FERNAND NICOLAŸ

Avocat à la Cour d'Appel

ABBEVILLE

IMPRIMERIE BRIEZ, C. PAILLART ET RETAUX

90, RUE SAINT-MARCADÉ, 90

1876

L'INSTRUCTION

MORALISE-T-ELLE?

Monseigneur,

Messieurs et chers Collègues,

Il suffit de parcourir nos vastes salons pour être assuré que notre Cercle est un gymnase intellectuel où toutes les hautes facultés peuvent se développer par l'exercice, s'animer par une émulation féconde, se discipliner grâce à de fortes études et de judicieux conseils.

A la vue de notre salle de travail et de méditation, des rayons de notre bibliothèque chargés d'ouvrages non moins précieux que variés ; à la vue de ces tribunes bien modestes et si redoutées, où chaque soir pour ainsi dire de jeunes orateurs s'exercent à la parole en public, tantôt discutant, avec de surprenantes ressources de dialectique, une question de droit controversée, tantôt élucidant dans une savante leçon un point obscur de la science, vous avez bien vite compris, n'est-il pas vrai, mes chers et nouveaux Collègues, que vous étiez enrôlés dans une milice laborieuse.

Et cela ne vous a pas fait peur !

Mais il est une autre chose que vous avez devinée sans doute, et que vous apprécierez de plus en plus en suivant nos divers exercices : c'est que la science n'est pas le seul objet de nos efforts et de nos recherches ; c'est que notre Cercle n'est pas seulement ce gymnase intellectuel dont je vous parlais tout à l'heure, où chacun se perfectionne en profitant du travail c'est de tous : aussi, et avant tout peut-être, une haute école d'éducation, un cœur qui bat, une âme qui agit.

Voilà bien, mes chers et jeunes Collègues, ce qu'aucune autre création de ce genre ne saurait offrir à ce moment solennel de la vie, où le jeune homme, prenant place dans une société semée d'écueils, demande pour la première fois à l'expérience ce qu'il tenait jusque-là de la sollicitude et de la prévoyance de la famille ; au moment où ce mot prestigieux de liberté, qui en éblouit tant d'autres, devient pour quiconque réfléchit une cause de soucis légitimes et de préoccupations justifiées ; libre, c'est-à-dire sans conseil, sans appui, sans direction ; libre, c'est-à-dire éloigné du foyer où il venait sans cesse réchauffer ses croyances et ranimer son zèle.

Je ne saurais donc mieux faire, ce me semble, que de fixer quelques instants votre attention bienveillante sur l'importance capitale de l'*éducation dans l'enseignement*.

Vos études d'histoire vous ont appris que depuis l'origine de la civilisation, l'éducation est l'objet de la sollicitude des législateurs et des philosophes. En Grèce comme à Rome, l'éducation de l'État est exclusive, elle absorbe tout. Il n'y a plus d'individus, mais un peuple ; plus de foyers, mais des places publiques et des portiques : l'être collectif a confondu les personnalités. La vertu elle-même est conseillée, mais comme moyen de rendre l'orateur plus respectable et sa littérature plus délicate. On sacrifie tout à l'art de bien dire, et si Quintilien veut élever son futur orateur dans un milieu honnête, c'est d'abord pour donner à sa parole la distinction qu'il souhaite, « *ne sit vitiosus sermo* ».

Bientôt une ère nouvelle s'ouvre pour l'humanité : une éducation inconnue jusque-là commence, celle de la famille chrétienne, celle de l'Église. Elle a l'austérité de la discipline spartiate et la pureté d'un enseignement divin ; en réalité, c'est seulement à dater de ce moment que l'éducation commence dans le monde ; la chaire enseigne la foi et la science ; le prêtre est tout ensemble et le ministre de l'autel et le maître du néophyte. Alors l'instruction était moins répandue qu'aujourd'hui, je le reconnais ; mais était-il sans utilité ce pauvre ignorant qui se contentait de savoir mourir pour son pays et pour sa foi ; ne valait-il pas l'ouvrier du XIXe siècle qui met toute sa science à connaître ses droits et à ignorer ses devoirs ?

Aujourd'hui, mes chers Collègues (et c'est l'erreur contre laquelle vous avez été maintes fois prémunis), l'instruction n'est plus considérée comme un moyen de réaliser un progrès moral par une intelligence plus complète de nos devoirs, mais comme un *but unique*. En diffusant l'instruction sans aucune éducation, on entend nous faire connaître nos *droits*, c'est-à-dire ce que nous pouvons exiger des autres à notre profit, sans jamais nous parler de ce corrélatif nécessaire, le *devoir*; en sorte que chacun apprenant comme suprême morale à contraindre autrui, sans observer que nos droits ne peuvent être respectés qu'autant que les autres se soumettent à leurs devoirs, on arrive fatalement à constituer une société où l'ordre semble impossible en quelque sorte, où l'on ne voit plus qu'antagonisme de droits, choc d'opinions, rivalité d'intérêts : une espèce de concurrence vitale ; un festin où chacun veut prendre place et refuse de payer son écot.

Nous corrigera-t-on en disant que cette corrélation avouée permet d'apprendre ses devoirs en étudiant ses droits ?

Non certes, car la réciproque n'est nullement vraie.

La tendance naturelle à l'homme n'est-elle pas égoïste ? Ne préfère-t-on pas commander à obéir ? Abaisser les autres à s'humilier soi-même ? Faut-il de grands mouvements oratoires et d'entraînantes périodes pour persuader à l'homme attaqué d'opposer une légitime défense, au créancier de se faire payer, à celui qui a été insulté d'exiger réparation? Quatre fois depuis 1789 on a placé solennellement en tête de nos constitutions le programme des droits imprescriptibles de l'homme... je demande combien de fois on lui a parlé de ses devoirs.

Ah ! n'hésitons pas à le reconnaître, l'instruction sans l'éducation, voilà bien ce qui a faussé absolument l'idée du devoir : aussi la France est-elle livrée à des révolutions périodiques ; aussi les individus sont-ils en révolte permanente, l'inférieur contre son chef, le fils contre le père, le citoyen contre les gouvernants, la science contre Dieu.

En présence de la décadence morale qui suit une progression constante, à la vue de l'affaissement des caractères, de l'énervement des volontés qui s'accentue chaque jour davantage, on a recherché la cause de ces symptômes alarmants. A la question posée, mille échos ont répondu que la cause originaire du mal, c'était l'ignorance. D'accord, mais de quelle ignorance veut-on parler ?

N'avez-vous point remarqué, Messieurs, dans presque tous les ouvrages écrits sur la matière une équivoque singulière ?

Un fait que votre propre expérience a pu constater, c'est que la connaissance des mathématiques, de la géométrie, de la grammaire, de la géographie, de l'histoire, contribuera bien peu par elle-même à former l'homme moral, qui est l'élément constitutif d'une société honnête. L'histoire elle-même, qui pourrait plutôt offrir un enseignement fructueux, ne suffira pas à déterminer une réaction énergique contre les tendances égoïstes qui nous sollicitent au mal. Essayez de persuader la vertu à un jeune homme, parce qu'il y a eu de grands caractères dans l'histoire : s'il n'a pas la raison de ce conseil, vous travaillerez en vain ; car si l'histoire lui révèle de nobles personnalités, elle lui donne aussi et surtout des leçons d'égoïsme et de corruption, qui auront dans son souvenir un écho bien autrement retentissant et prolongé. Interrogez ce jeune homme, faites l'expérience, et vous verrez quels sont les faits qui se sont gravés le plus profondément dans sa mémoire : il saura beaucoup mieux les grossièretés mythologiques que l'histoire de l'Église, beaucoup mieux ! les amours de Louis XIV et les turpitudes de la Régence que les héroïsmes des croisades ou de la vierge de Vaucouleurs. Il lui faudrait, pour comprendre tout le profit que l'on peut tirer de l'histoire, avoir éprouvé l'attrait de notre conférence Ozanam, avoir entendu les savantes analyses et les brillants discours de ses orateurs, qui, cette année, nous ouvrant les horizons les plus larges et les plus nouveaux, nous permettaient, par exemple, d'apprécier sainement le rôle des légistes sur le droit public de la France, l'influence de Machiavel, l'action réelle de Beaumarchais sur les institutions de son temps.

Oui, à un point de vue élevé, l'histoire peut être un enseignement pour ceux qui savent dégager l'abstraction du fait brutal ; il s'est même rencontré un génie qui a fait voir la Providence dans les évolutions de l'histoire, mais il avait nom Bossuet ; pratiquement, c'est-à-dire pour la généralité des hommes, ce n'est qu'une nomenclature de noms, une succession d'événements, une série de faits dont on ne saisit ni le fil conducteur ni la pensée inspiratrice, surtout dans l'âge où l'on s'ingénie à surprendre les secrets de la vie, où, soucieux, avide et troublé, on épie les occasions de satisfaire une curiosité impatiente.

Donc, Messieurs, en disant que l'ignorance est une cause de ruine morale on vise autre chose, c'est-à-dire un enseignement qui ne parle pas seulement à l'esprit, à l'intelligence, mais au cœur, au sentiment, à la volonté. Or, un pareil enseignement est par excellence celui que sous mille formes variées et attrayantes nous pouvons recueillir dans cet asile bien-aimé qui s'appelle le Cercle catholique du Luxembourg.

Voilà l'enseignement qui relève, qui fortifie, qui régénère celui qui ose, à visage découvert et sans périphrases ni réticences, parler à un auditoire d'un Dieu rémunérateur et d'une âme responsable.

Ne voyez-vous pas, Messieurs, que l'on ressasse une for-

1.

mule qui provoque une confusion déplorable et fausse les
notions les plus simples.

Vous parlez d'instruction, dirai-je à nos philosophes;
mais le mot est absolument inexact, ce n'est pas l'instruction
qui peut amener cette régénération désirée, c'est l'éducation. Est-ce erreur de votre part, est-ce confusion volontaire,
je n'ose le dire ; mais ce qui est manifeste, c'est qu'en dépit
de la raison et de la grammaire on persiste à attribuer à
l'instruction les effets salutaires qui découlent de l'éducation seule.

On a persuadé à la France, empressée d'accueillir cet expé-
dient qui mettait une sourdine à sa conscience, qu'elle n'a-
vait rien à se reprocher, rien à corriger : si on l'instruisait
mieux, tout irait à merveille ; si la chose publique périclite,
c'est la faute de cet *impersonnel* qui néglige ses devoirs à
son égard ; c'est toujours l'être abstrait et irresponsable, la
société, qui a tort et se compromet ; elle n'a pas lieu de se
réformer, elle attend que la société commence, et comme
la société n'est pas une entité extérieure à nous tous,
on se demande quelle peut être l'issue d'une semblable si-
tuation.

Ce qu'il fallait au contraire, c'était chercher, par un cri
de conscience, à réveiller la France de cette léthargie morale où elle sommeille, pour l'aider à rentrer en possession
de soi-même : elle n'ignore pas ses devoirs, c'est le courage
qui lui fait défaut. Ce qui lui importe avant tout, c'est de .
revenir à ses croyances qu'elle déserte et que notre Cercle a
l'honneur d'abriter ; c'est de rappeler les notions de justice
que Dieu nous donne avec la vie : vous lui conseillez d'apprendre... et moi je lui dis, à cette France bien-aimée : oh !
France ! souviens-toi....

Alléguera-t-on que l'instruction moralise par là même
qu'elle développe les facultés ?

A cela nous répondrions que développer les puissances
intellectuelles d'un individu sans croyances, c'est multiplier
le mal par lui-même. Qu'importe au point de vue social

qu'un homme sans valeur, sans ressort, ait de mauvais
instincts : son influence ne saurait s'étendre bien loin,
elle ne dépassera pas le cercle de sa médiocrité ; mais cul-
tivez une intelligence vaste et féconde en négligeant de la
moraliser ; peu à peu elle s'éloignera des principes du sens
commun, elle les croira indignes d'elle, précisément parce
qu'ils sont le partage de tous, elle laissera au vulgaire Dieu
et le sens commun, et ne voudra pour soi que le brillant
paradoxe, le fin du fin, comme dit La Bruyère : le rai-
sonnement aura banni la raison. C'est ainsi qu'on arrive à
une barbarie perfectionnée par l'expérience des siècles et
raffinée par les subtilités d'une érudition captieuse, la
barbarie civilisée, la pire de toutes : *corruptio optimi
pessima*.

On aura beau développer un principe, on ne parviendra
jamais à en changer la nature : la plante vénéneuse en
grandissant ne se transformera pas en un fruit savoureux,
l'animal aux instincts farouches ne deviendra que plus dan-
gereux en se fortifiant. De même, c'est en vain que vous
additionnerez toutes les branches d'instruction, jamais vous
ne trouverez au total un seul principe d'éducation.

Qu'a-t-il fallu pour abuser ainsi le sens commun ? simple-
ment substituer au mot *éducation* celui d'*instruction*.

Je n'ignore pas, mes chers Collègues, qu'on ne doit point
préjuger le mal même chez ses adversaires ; cependant, en y
regardant de près, ne pourrait-on pas deviner la cause de
cette substitution habile, que des malveillants appelleraient
supercherie ? aurait-on compris par hasard que l'éducation
ne peut se concevoir qu'avec des principes, qu'il n'y a pas
d'éducation sans morale, et pas de morale sans religion ?
qu'affirmer la nécessité de l'éducation serait par là même
demander à la base de l'enseignement une doctrine immuable
et définie, susceptible d'apprendre à l'homme le gouverne-
ment de soi même en lui fournissant les moyens d'y parvenir ? Et en présence de l'impossibilité évidente où l'on était
de séculariser complétement l'éducation, on a provoqué

tout un mouvement national au nom d'une formule mensongère : l'instruction seule relèvera la France ; il faut l'instruction obligatoire !

Ne vous mettez pas en peine de parler de vertu, de foi, de devoir, de responsabilité, vous, mes chers Collègues, qui faites partie de la légion des conférenciers, cela importe peu au pays ; que l'on soit athée ou croyant, sceptique ou chrétien, cela est indifférent ; que le peuple juge la passion fatale et l'homme un instrument aveugle de la nécessité qui pèse sur lui, cela est sans conséquence ; mais qu'il ait une certaine instruction : là est le salut. Qu'il puisse, si le dévergondage de son esprit et l'exemple d'amis dissolus ne suffisent pas, si les exhibitions provoquantes de nos théâtres et les thèses malsaines qu'on y soutient n'ont pas faussé en lui tout sentiment honnête, compléter son éducation si heureusement commencée, par la lecture de publications à vil prix et d'auteurs faisant métier de corrompre, de cracher leur encre la plus noire sur ce qui est pur et sans tache et de placer sur un piédestal habilement dissimulé l'immoralité et la révolte. Là il apprendra que la rébellion est le propre des âmes supérieures, que le suicide est un acte de courage, que le crime a sa noblesse et sa grandeur, que la passion s'impose à l'homme, que la vengeance est le devoir de la victime, qu'il y a de saintes défaillances, d'aimables vices, de chastes corruptions, d'innocentes coupables ; là il pourra voir le père odieux ou absurde, l'époux ridicule, le valet maître et le gendarme battu.

Sans doute il pourra lire d'honnêtes écrits : il le pourra, mais je pose en fait qu'il ne le fera pas.

Ah ! j'entends bien qu'au delà de cette enceinte on voudra travestir notre pensée : nous aurons prêché l'ignorance et fait l'apologie de l'obscurantisme ; nous serons des rétrogrades !

Mais il ne faut jamais avoir peur d'une épithète ; ce qu'il faut craindre, c'est de la mériter.

A ceux qui dénatureraient à plaisir nos paroles, qui prétendraient que nous sommes ennemis de l'instruction, nous répondrions que non-seulement nous coopérons personnellement à répandre l'enseignement parmi le peuple de nos faubourgs, mais qu'il suffit de jeter les yeux sur notre salle de travail pour voir que nous savons prêcher d'exemple ; nous répondrions que si cette année encore le Cercle triomphait au concours de droit romain et de droit français en la personne de MM. Charneau et Bomboy, et au concours des attachés au parquet de la Seine avec MM. Vaebat et Puvis de Chavannes, qui obtenaient la première et la troisième nomination ; si M. Rougé de Chalonge méritait le second les honneurs du secrétariat à la conférence du Palais, et M. Couëtoux une mention de doctorat ; si nous pouvons aujourd'hui applaudir les noms de MM. Alpy, Blondel, Brière et Thiesset, hier encore nos collègues familiers, aujourd'hui investis des graves fonctions de magistrat ; si enfin notre sympathique vice-président, M. Terrat, était désigné d'avance par ses brillantes épreuves d'agrégation pour la chaire qu'il occupe dans la nouvelle Université, c'est que chez eux la plus haute instruction était greffée sur l'éducation la plus solide.

Et résumant ma pensée pour que l'on ne soit pas tenté d'interpréter malicieusement votre accueil sympathique, je dirai : Plus que personne nous désirons voir instruire le peuple, mais nous prétendons que l'instruction, en l'absence de toute éducation, loin de pouvoir régénérer la France, ne saurait être qu'un moyen nouveau de corruption et par suite de décadence.

Cette pensée n'est pas moins vraie au point de vue *économique* qu'au point de vue *moral*. Imaginez, Messieurs, que cet idéal que poursuivent certains esprits vienne à se réaliser ; voyez l'instruction développée à tous les degrés de l'échelle sociale, et imaginez le tableau qui s'offrira à vous alors que l'éducation est bannie de l'enseignement. Le fils du laboureur qui saura l'orthographe voudra entrer dans les administrations, les bureaux, voire même les ministères. En attendant la réalisation de ses vœux, car les chefs du personnel ne découragent jamais les jeunes talents, alors même que la demande ne viendrait en rang utile que pour le siècle suivant, le pauvre jeune homme restera dans la ville où il comptait trouver un emploi. J'entends bien qu'il pourrait retourner aux champs paternels, que l'instruction, loin d'être défavorable, ne pourrait que servir à une exploitation intelligente : mais il s'en gardera bien ; ce serait déchoir, et le plus souvent le père lui-même partagera ce sentiment. Il deviendra donc citadin, prendra les habitudes de la ville, se moralisera au théâtre, s'instruira au café, deviendra lecteur assidu du journal le plus avancé, c'est-à-dire de celui qui prêche le désordre ; et en effet, si les choses suivent leur cours naturel, il lui faudrait avoir la longue vie des patriarches pour entrer candidat-aspirant-surnuméraire comme on l'a dénommé spirituellement.

Il attendra donc. Mais l'idée révolutionnaire partagée par des milliers d'autres déclassés ou de non-classés comme lui fera son chemin ; nul doute qu'avant même qu'il ait compris l'inanité de ses démarches, il ne s'élève quelque tempête sociale, et alors, convaincu qu'il fait œuvre de bon citoyen en contribuant à renverser un ordre de choses qui ne permet pas à un homme de sa valeur de se produire, il versera le pétrole sur la France pour éclairer l'obscurantisme.

Et pendant ce temps-là le pauvre père écrira à la frontière pour enrôler des moissonneurs mercenaires, parce que faute de bras ses foins se fanent sur pied, ou que le blé trop mûr s'égraine sur le sol.

Et cependant, dans ce révolté, dans ce fauteur de révolutions, il y avait un bon cultivateur, un fils respectueux, un chrétien convaincu, qui à son heure aurait pu donner sa vie à la France et réserver son âme à Dieu.

Voilà ce que vous en avez fait.

Lui supposez-vous une certaine littérature et point d'éducation ? alors ce n'est plus seulement de l'ambition, c'est du délire. Être compris dans la catégorie des commis, des employés, dépendre d'un chef, tout cela offusque son orgueil. A quoi pourra s'appliquer cette intelligence cultivée sinon à pervertir la conscience publique?

Voilà bien au point de vue social les conséquences inévitables du principe : déclassement des individus, convoitises inassouvies, audaces et désespoir de l'homme déçu et découragé, amenant à courte échéance et d'une façon chronique des bouleversements, des ruines et du sang.

S'il était vrai que le défaut d'instruction fût la cause de tous les maux que nous attribuons, nous, à l'absence d'éducation, il faudrait rigoureusement arriver à ces deux conséquences : d'abord qu'il doit y avoir une moralité moindre dans les campagnes où l'instruction est incontestablement moins répandue que dans les villes ; et en second lieu que le sentiment du devoir doit être bien plus faible chez la femme que chez l'homme qui reçoit une instruction beaucoup plus complète.

Or c'est précisément le contraire qui arrive : et si je ne craignais de trop élargir le cadre de ce discours, je pourrais constater, d'après la statistique pénale, que la criminalité de la femme est six fois moindre environ que celle de l'homme.

La raison en est toute dans ces deux mots : on éduque encore la fille, on se contente de *faire instruire* le fils ; on lui donne presque toujours une éducation morale et une instruction religieuse de beaucoup supérieure à celle de l'homme ; et alors même que la femme ne développerait pas cette éducation première, elle en conservera néanmoins une impression durable et profonde, car elle grandira sans connaître le sophisme du philosophe, le paradoxe du rhéteur, la témérité et les audaces de la demi-science. « *Quòd* « *multorum sermonis expertes, ea mulieres tenent semper* « *quæ prima didicerunt* », comme l'observait déjà l'auteur du *Traité des lois*.

Les amis de la libre pensée l'ont bien compris ; aussi

ont-ils voulu prendre la fille à sa mère pour lui donner une éducation selon leur programme. Et c'était habilement penser : parvenir à jeter le scepticisme au cœur de la femme, l'éducatrice du genre humain, *rei publicæ damnum aut salus*, selon l'expression de Sénèque, n'était-ce pas le moyen le plus pratique et le plus assuré d'étouffer les croyances dès le berceau. Malheur au temps où le sentiment aura fait place au cœur de la mère et de l'épouse à une science aride et desséchante ; où, au lieu d'être pour l'homme, selon des vues providentielles, l'agent intime de son bonheur, de sa moralisation et de son salut, la femme ne sera pour l'un qu'un pédagogue, pour l'autre qu'un condisciple : de ce jour, la famille n'existera plus que de nom.

N'en ai-je point dit assez, Messieurs, pour formuler légitimement cette conclusion : l'éducation relèvera la France.

L'instruction sera un puissant moyen de développer le germe moral que l'éducation aura déposé : encore n'amènera-t-elle ce résultat désirable, qu'autant qu'elle sera véritablement sérieuse. Elle sera sérieuse si elle ne se contente pas de faire d'une jeune intelligence une espèce d'encyclopédie, de catalogue, une manière de répertoire sans rechercher le pourquoi, la cause, habituant ainsi l'esprit à trouver tout dans une formule de convention ; elle sera sérieuse, si elle sait animer et vivifier ce fatras mnémotechnique au souffle d'une saine philosophie. Malheureusement on s'absorbe dans les curiosités de détail, dans les minuties de la science, on n'en voit pas ces grands côtés ni ces amples contours qu'un philosophe consommé, M. l'abbé Noirot révélait à son auditoire émerveillé : on n'est pas capable d'avoir cette vue d'ensemble en dehors de laquelle il n'y a qu'une érudition stérile :

> « *Infelix operis summa, quia ponere totum*
> « *Nescit.* »

L'enfant de la crèche, de la salle d'asile et de l'école primaire est élevé dans la foi catholique, mais dès qu'il arrive à l'âge des humanités où la passion s'éveille, où l'indépendance se fait sentir, où l'ambition commence, l'enfant est abandonné à lui-même. Au moment du péril on ne le prémunit pas contre les attraits du mal qui l'entoure et les séductions d'une imagination ardente : la provocation est certaine, la lutte inévitable ; qu'importe, on l'enverra combattre sans armes pour se défendre, sans bouclier pour se protéger. Est-ce prudent, est-ce sage? Et pendant plusieurs années il n'y aura plus pour le jeune homme de vie morale ; on développera ses facultés sans lui indiquer la direction qu'elles doivent prendre, on fera le vide de croyances autour de lui, on ne donnera rien à cette âme avide de vérité ; on laissera ce cœur se dessécher dans la stérilité et l'indifférence, ou s'avilir jusqu'à la dégradation. On lui aura dit ces mots Dieu, âme, religion, tant qu'il n'aura pas été à même d'en comprendre la signification, et du jour où il pourra chercher la pensée dans la formule qui l'enveloppe, on taira ces choses comme si l'on redoutait qu'il en garde souvenir : en un mot l'éducation, indispensable à tout homme, dans toutes les carrières ; l'éducation qui survit à la mémoire des formules et des réminiscences classiques, elle sera mise en quelque sorte au ban des études durant cette évolution décisive qui substitue l'homme à l'enfant, l'indépendance à l'autorité, la curiosité à la confiance, l'ingénuité et la candeur du jeune âge à la passion ardente et inquiète.

A supposer même que le jeune homme ait complété son éducation pendant l'époque des humanités, n'y aura-t-il plus rien à faire? Faut-il admettre, comme on le croit généralement et bien à tort, que l'éducation n'importe plus après un certain âge? Non, certes ; car s'il est vrai qu'il y a un minimum de notions générales qui doivent être communes à tout le monde pour vivre en société, il n'est pas moins vrai qu'il y a une éducation *particulière* à poursuivre dans chaque science, quel que soit l'âge auquel on se livre à cette étude, quelle que soit aussi l'excellence des premiers principes que l'on a reçus. Aussi le bureau de votre Cercle donne-t-il tous ses soins à multiplier de plus en plus les exercices qui doivent répondre à ce besoin. Et même dans cette hypothèse la plus favorable où nous supposons le jeune humaniste demeuré docile aux conseils de l'éducation, mais ne s'étant point conforté par un enseignement supérieur, on aura peut-être un chrétien convaincu, mais inutile aux autres ; trop honnête pour dévier, trop ignorant pour exercer une influence salutaire autour de lui. S'il ose s'affirmer, en dépit des sarcasmes, on ne respectera même pas en lui le courage de sa parole : la médiocrité de l'individu retombera sur le chrétien, qui, malgré les intentions les plus généreuses et les plus louables, desservira, sans même s'en douter, la cause sainte qu'il a à cœur de voir triompher.

Tous les ans, Messieurs et chers Collègues, à pareille époque, nous fêtons dans le même esprit le retour de l'année scolaire ; cette année, le nouvel état de choses qui s'inaugure crée pour nous des devoirs nouveaux. Il faut que nous sachions profiter de cette liberté longtemps attendue et péniblement conquise : le moyen c'est le travail, un travail persévérant, infatigable, passionné. Ne nous laissons pas rebuter par les aridités de la science ; ne redoutons pas la fatigue (nous devons nous dépenser jusque-là) ; ne craignons pas les veillées laborieuses ; ne nous laissons pas décourager non plus par la multiplicité de nos occupations : on s'étonne en effet, Messieurs, de la facilité avec laquelle, au moyen d'une progression sagement combinée mais continue, on parvient à doubler en quelque sorte sa personnalité en multipliant ses énergies diverses.

Et quand nous parlons de travail nous n'engageons pas seulement le futur jurisconsulte à se livrer à l'étude du Code, le jeune médecin à faire de l'anatomie et de la pathologie : cela va de soi ; et les épreuves qu'il faudra subir nous en imposent l'obligation. Ce que nous voudrions c'est que, sans négliger en rien la science à laquelle nous entendons nous vouer plus particulièrement, chacun de nous consacrât, ne fût-ce que quelques instants chaque jour, précisément à l'étude des questions qui ne font pas partie de notre programme quotidien. N'en doutons pas, l'inaction ne délasse pas plus que la diversion dans le travail, et l'on s'épuise autant en s'absorbant dans la rêverie stérile qu'en se prodiguant dans de laborieux efforts.

Quiconque jette les yeux sur l'ensemble des connaissances humaines est frappé et en même temps affligé de voir les intelligences partagées en deux groupes: l'homme de science (sauf de rares exceptions) qui s'absorbe dans l'étude organique, au point de ne plus voir bientôt la cause des merveilleux effets qu'il constate ; qui trouve l'œuvre si belle, si grandiose, qu'elle lui fait oublier l'Ouvrier; et d'autre part, le penseur, le philosophe, qui, négligeant trop les données positives de la science pour les vues spéculatives, et repoussant dans un sublime mépris les objections qu'elle motive, s'élève tellement au-dessus de la matière qu'il finit par ne plus l'apercevoir.

Il importe, Messieurs, de prévenir ce danger, la divergence ne pouvant que s'accentuer davantage au fur et à mesure que chacune des sciences poussera plus loin ses investigations et ses progrès. On en arrive ainsi à faire deux grandes écoles ; l'une ne voit que l'âme, l'autre ne voit que le corps, presque personne n'étudie ce merveilleux composé binaire, à la fois corps et âme, l'homme en un mot, qui n'est pas plus l'un que l'autre, mais la résultante de leur union ineffable et providentielle. La nécessité des études parallèles est manifeste ; elle est un besoin pour vous, Messieurs, qui tenez à honneur de pouvoir justifier vos croyances. Pensez-vous, Messieurs, étant donné la marche actuelle de la science, qu'il soit possible de discuter utilement les questions religieuses, morales, philosophiques, sans avoir une connaissance suffisante des découvertes modernes ? Mais un semblable conseil est-il vraiment pratique ? Où trouver cette variété d'enseignement qui à notre époque est le complément nécessaire d'une sérieuse éducation ? Vous pourrez, mes chers Collègues, profiter de ce précieux bienfait sans franchir le seuil de votre Cercle.

Voyez en effet que d'horizons nouveaux nous ont été ouverts l'année dernière dans les attachantes communications que des hommes éminents ont bien voulu nous faire dans nos soirées intimes. Non-seulement, vous le savez, nous comptons au Cercle plusieurs conférences de droit, des conférences de science pleines de vie et d'intérêt, la tribune Ozanam où par les discussions les plus variées et les plus sérieuses nous nous préparons sous la direction d'un président bien-aimé à cet art si difficile de la parole, mais de plus il n'est pas pour ainsi dire de semaine que nous ne puissions profiter de l'expérience et de la vaste érudition d'ingénieurs et de savants distingués, de voyageurs judicieux, de missionnaires infatigables. Tantôt avec M. de Lapparent, ingénieur des mines, nous nous rendons compte de ce curieux phénomène « le passage de Vénus sur le soleil » ; tantôt avec M. l'abbé Soldat, et grâce à ses habiles projections électriques, en une heure nous parcourons les catacombes romaines, refuge des chrétiens persécutés ; ou bien avec M. le docteur Léon Simon nous apprenons le dernier mot de la science sur les générations spontanées; ou bien encore avec M. Fernique l'histoire et les progrès merveilleux de l'art photographique. Un autre jour avec le R. P. Petitot nous entreprenons, sans quitter nos salles confortables, un voyage au pays des Esquimaux ; puis avec M. l'abbé Madaune nous passons quelques instants sur les vieux bancs de l'école d'Oxford.

Pouvez-vous disposer de vos soirées du mercredi : vous n'avez qu'à monter quelques marches pour vous trouver au Salon des Œuvres (1) où vous recevrez l'accueil si particuliè-

---

1. Le Salon des Œuvres est une réunion hebdomadaire ouverte non-seulement aux membres du Cercle mais encore à tous les catholiques de Paris, de province et de l'étranger qui veulent s'y faire présenter.

rement sympathique de son honorable et dévoué président, M. Antonin Rondelet.

Que d'aimables heures n'avez-vous point passées à écouter l'histoire des missions de Laponie racontée par M. l'abbé Dumahut; les voyages en Afrique de M. le marquis de Compiègne ; ceux de M. l'abbé Duchêne en Grèce ou de M. l'abbé Ancessy dans les déserts de l'Égypte ; les réflexions si sages de M. Busseuil sur la dépopulation des campagnes et de M. l'abbé Rouquette sur les orphelinats agricoles. Comment ne pas suspendre pour quelques moments nos études obligées quand il s'agissait pour nous d'entendre les savantes analyses de M. Léon Gautier, les sages critiques de M. Henri Jouin sur la statuaire moderne ; ou les souvenirs biographiques dont nous honorait l'éminent magistrat (1) qu'aujourd'hui il nous est permis de saluer doyen de la jeune faculté de droit.

Que dirai-je, Messieurs, des trésors de notre bibliothèque : à nous d'y puiser à pleines mains une science forte et féconde que des ouvrages choisis peuvent nous fournir à toute heure.

Il n'est peut-être pas d'année où le Cercle ait procuré à ses membres de plus nombreuses distractions artistiques : outre nos soirées musicales qui nous rappellent le merveilleux talent de celui que je me permettrai d'appeler un ami du Cercle, M. le capitaine Voyer, outre les magnifiques chœurs d'Athalie si heureusement exécutés sous la direction de leur auteur M. Félix Clément, le brillant archet de MM. Remingi et Saillant, maintes fois, grâce à M. Schœffer, nous avons eu la bonne fortune d'applaudir dans les salons Erard les délicieuses harmonies de mesdames Essipoff et Tardieu de Malleville.

Voilà toute notre vie, Monseigneur, travailler pour devenir des hommes de conviction, nous récréer pour mieux travailler encore : telle est la devise de notre Cercle. Elle

---

1. M. Connelly, conseiller à la Cour de cassation.

doit être celle de quiconque porte au cœur la noble ambition d'être tout ensemble érudit et chrétien.

Ces deux mots, Messieurs, reportent ma pensée à cette *Université* qui peut sans préoccupation ni gêne mettre une croix au fronton de son école, et un *Credo* défini en tête de son programme ; néanmoins en accueillant sa naissance par un joyeux noël nous n'oublierons pas ce que nous devons, particulièrement à l'ancienne faculté de droit. Oui, redirai-je après notre cher président, la faculté nouvelle que nous saluons estime trop l'ancienne à qui elle doit tant, elle lui a voué un respect trop profond, une affection trop sincère, pour la jalouser jamais ; et de son côté, nous n'en doutons pas, l'ancienne éprouvera pour la plus jeune les sentiments les plus bienveillants et les plus généreux. N'est-il pas vrai que l'on est porté à aimer ceux qui vous doivent de la reconnaissance ? Eh bien ! nous n'hésitons pas à le dire : l'honneur de cette institution nouvelle revient pour une grande part à la faculté de droit qui compte parmi nous tant de disciples fidèles. C'est à elle que la jeune faculté doit de vivre ; aussi veut-elle lui garder le meilleur souvenir.

Pourrions-nous oublier les témoignages si bienveillants que le Cercle catholique a toujours reçus de la part d'un grand nombre de membres de la faculté de l'État se dérobant à leurs veillées laborieuses pour venir parmi nous présider à nos discussions juridiques ; et l'année dernière n'étions-nous pas fiers et heureux d'acclamer son doyen à notre séance solennelle de rentrée ?

Ne craignons donc rien, Messieurs, ce ne seront pas des rivales ambitieuses ; mais deux sœurs qui marcheront côte à côte, la main dans la main, et ne conjureront que pour mieux servir la justice et le droit, la religion et la patrie.

J'ai fini. Messieurs ; cependant je faillirais à mon devoir, et aussi je tromperais votre attente, si je terminais ce discours sans redire en votre nom, à l'éminent prélat qui daigne se rendre parmi nous, combien le témoignage de sympathie qu'il nous donne ce soir nous honore et nous encourage.

En répondant à notre appel, Monseigneur, vous avez voulu montrer une fois de plus quelle large place occupe dans votre cœur la jeunesse du Cercle catholique.

Merci aux illustres et bienveillants visiteurs dont la présence rehausse encore cette solennité ; merci au digne curé de Saint-Sulpice qui veut bien nous continuer l'amitié de son prédécesseur vénéré ; merci enfin à vous tous, mes chers Collègues, qui donnez cet imposant spectacle d'hommes de vingt ans qui savent *croire* et *respecter*.

Messieurs, j'ai passé sous silence un nom qui veut rester dans l'ombre. Je suis engagé à ne nommer personne ; toutefois il me sera bien permis de rendre un juste hommage (dont on ne pourrait se défendre sans se désigner soi-même) à celui qui est pour nous tous un père affectueux, un guide sûr et dévoué ; à celui qui dépense son intelligence, son cœur, son âme entière, pour donner des champions à l'Église ; à la France, *des hommes*.

Abbeville. — Imprimerie Briez, C. Paillart et Retaux.

www.ingramcontent.com/pod-product-compliance
Lightning Source LLC
LaVergne TN
LVHW012126170726
843501LV00008BC/3037